Karl Hammerschmidt

Ueber die Grundbedeutung von Koniunktiv und Optativ

und ihr Verhältnis zu den Temporibus

Karl Hammerschmidt

Ueber die Grundbedeutung von Koniunktiv und Optativ
und ihr Verhältnis zu den Temporibus

ISBN/EAN: 9783743348394

Hergestellt in Europa, USA, Kanada, Australien, Japan

Cover: Foto ©Paul-Georg Meister /pixelio.de

Manufactured and distributed by brebook publishing software (www.brebook.com)

Karl Hammerschmidt

Ueber die Grundbedeutung von Koniunktiv und Optativ

Ueber die

Grundbedeutung von Koniunktiv und Optativ

und ihr Verhältnis zu den Temporibus.

Auf grund der homerischen Epen

erörtert

von

Dr. Karl Hammerschmidt,
Kgl. Gymnasiallehrer.

Erlangen 1892.
Druck der Universitäts-Buchdruckerei von E. Th. Jacob.

I.

Wenn im folgenden versucht wird, auf grund der homerischen Epen über das Wesen von Konjunktiv und Optativ und besonders ihr Verhältnis zu den Temporibus zu handeln, so ist man sich wohl bewusst, damit ein schon seit langem umstrittenes Gebiet zu betreten. Bei der grossen Anzahl von wissenschaftlichen Arbeiten und Untersuchungen, Zusammenstellungen und Kritiken, welche sich mit der Modusfrage im Griechischen und insbesondere bei Homer beschäftigen, könnte es fast unmöglich scheinen, der Sache eine neue Seite abzugewinnen. Es wird sich allerdings nicht vermeiden lassen, bei Erörterung dieses Gegenstandes schon mehrfach Besprochenes wiederum zu berühren, da es wohl keine Auffassung gibt, die nicht schon ihre Vertretung gefunden hätte; aber endgiltig gelöst scheint die Frage schon darum nicht, weil die gewonnenen Anschauungen sich teilweise noch vielfach widersprechen und die seit geraumer Zeit mit Eifer und Ausdauer geführte Untersuchung immer noch kein unzweifelhaftes und unantastbares Ergebnis geliefert hat. Daraus ergibt sich die Berechtigung einer wiederholten Behandlung der Modusverhältnisse, welche sich besonders auch die Aufgabe stellen muss, gebilligte Behauptungen nochmals zu prüfen und Aufstellungen, deren ziemlich allgemeine Annahme die falsche Ansicht, dass eine erschöpfende und abschliessende Behandlung der Frage bereits erfolgt sei, herbeizuführen geeignet ist, auf ihren Wert und ihre Haltbarkeit zu untersuchen.

Ueber den Weg, den man bei der Erörterung des Gegenstandes einzuschlagen hat, ist man längst einig. Um nämlich das Wesen und die Bedeutung der Modi im Nebensatze genau kennen zu lernen, ist es vor allem nötig, den Gebrauch derselben im Hauptsatze sorgfältig zu ergründen, nicht als ob man auf einem Umwege zum Ziele kommen wollte, sondern weil die Thatsache, dass alle Nebensätze aus dem Hauptsatze sich entwickelt haben, nunmehr als unbestritten gilt und deshalb der ursprünglichere Gebrauch der Modi nur in diesem zu finden sein wird.

Zu diesem Ergebnisse haben die sprachvergleichenden Forschungen geführt, indem sie erst eine richtige Beurteilung der Entwickelung und des Wesens der Hypotaxis ermöglichten.

II.

Die Hypotaxis[1]) in ihrer mannigfaltigen Art und vollkommenen Ausbildung ist ein deutliches Bild der vollendeten Herrschaft des Sprachgeistes über die Form, zugleich aber auch das Endziel und der Höhepunkt des inneren Ausbaues der Sprache.

Wenn es daher eine unumstössliche Wahrheit ist, dass die Sprache, die herrlichste That des menschlichen Geistes, unmöglich als ein in allen Teilen fertigen Prachtbau mit einem Male entstehen konnte, so folgt daraus mit Notwendigkeit, dass auch die Hypotaxis in ihrer späteren Beschaffenheit nicht von Anfang an vorhanden war, sondern sich erst allmählich gebildet hat.

Ursprünglich begnügte sich die Sprache ohne Zweifel mit Hauptsätzen und erst später sind Sätze nach ihrem mehr oder minder wichtigen Inhalte unterschieden worden, nicht aber etwa schon durch ein äusseres Zeichen oder verbinden-

---

[1]) Vgl. Jul. Jolly, Ueber die einfachste Form der Hypotaxis. Curtius St. VI. B. ferner: Ein Kapitel vergleichender Syntax. München 1883.

Delbrück u. Windisch, Syntaktische Forschungen I. B. Halle 1871. S. 15 u. ff. und S. 100 ff.

des oder gar unterordnendes Wort, sondern vorerst nur dem Sinne und der Betonung nach. Allmählich fügte man dann an einen Satz mit dem hauptsächlichsten Inhalte noch einen solchen, der erklärende und erweiternde Nebenumstände enthielt, und zwar mit Hilfe der Pronomina und schliesslich der Konjunktionen. **Diesen Wörtern wohnte aber nimmermehr von vornherein eine Bedeutung inne, kraft deren sie einen Satz dem andern hätten unterordnen können, vielmehr gewöhnte man sich eben erst infolge ihres Gebrauches daran, ihnen diesen Sinn beizulegen, der aber mit ihrem ursprünglichen Wesen nichts zu thun hat.**

Es ergeben sich demnach drei Arten der Hypotaxis.

Die erste, bei der also zwei selbstständige Sätze nicht durch ein sichtbares Zeichen, sondern nur durch den Inhalt und die Betonung auf einander bezogen erscheinen, mögen folgende Beispiele erweisen:

X 416. σχέσθε, φίλοι, καί μ' οἷον ἐάσατε, κηδόμενοί περ,
ἐξελθόντα πόληος ἱκέσθ' ἐπὶ νῆας Ἀχαιῶν,
λίσσωμ' ἀνέρα τοῦτον ἀτάσθαλον ὀβριμοεργόν.

Der mit λίσσωμ' beginnende Satz ist mit dem vorhergehenden sprachlich nicht verbunden, aber man kann die beiden Sätze nicht aussprechen, ohne sie im Geiste zu einander in ein finales, konsekutives oder kausales Verhältnis zu setzen [1]).

Enger erscheint schon die Zusammengehörigkeit an folgenden Stellen:

I 701.
ἀλλ' ἤ τοι κεῖνον μὲν ἐάσομεν, ἤ κεν ἴῃσιν
ἤ κε μένῃ

Σ 306.
οὔ μιν ἐγώ γε
φεύξομαι ἐκ πολέμοιο δυσηχέος, ἀλλὰ μάλ' ἄντην
στήσομαι, ἤ κε φέροιτο μέγα κράτος ἠὲ φεροίμην.

Allein auch hier ist ein Abhängigkeitsverhältnis noch

---

1) Vgl. Weber, Entwickelungsgeschichte der Absichtssätze. Würzburg 1884 I. S. 2.

nicht äusserlich gekennzeichnet; denn ἤ hat ursprünglich keine Spur von verbindender oder unterordnender Kraft und ist zunächst keine Konjunktion, sondern nur eine Trennungspartikel zwischen zwei Wörtern oder Sätzen.

Aus diesem Gebrauche hat sich dann erst die Bedeutung von ἤ — ἤ „ob — oder" entwickelt, wobei jedoch erst nach einem verbum sentiendi die Hypotaxis vollständig durchgedrungen erscheint, z. B.

ζ 142   ὁ δὲ μερμήριξεν Ὀδυσσεὺς
      ἢ γούνων λίσσοιτο λαβὼν ἐνώπιδα κούρην
      ἢ — λίσσοιτ' oder

Φ 225. πρὶν ἔλσαι κατὰ ἄστυ καὶ Ἕκτορι πειρηθῆναι ἀντιβίην, ἤ κέν με δαμάσσεται ἤ κεν ἐγὼ τόν.

Vor allem gehören aber zu dieser ersten Art der Hypotaxis eine bestimmte Klasse von Sätzen mit μή. Diese Partikel drückt aus, dass etwas abgewehrt, ferngehalten werden soll, hat aber von Natur aus nicht im mindesten die Fähigkeit, zwei Sätze unterzuordnen oder nur zu verbinden. Dies beweist aufs deutlichste ihr ursprünglicher Gebrauch in Hauptsätzen wie

Α 26. μή σε, γέρον, κοίλῃσιν ἐγὼ παρὰ νηυσὶ κιχείω.
Α 28. μή νύ τοι οὐ χραίσμῃ σκῆπτρον καὶ στέμμα θεοῖο.
ε 356. ὤμοι ἐγώ, μή τίς μοι ὑφαίνῃσιν δόλον αὖτε
und sonst noch oft.

Darum ist also an Stellen wie

ν 215. ἀλλ' ἄγε δὴ τὰ χρήματ' ἀριθμήσω καὶ ἴδωμαι,
      μή τί μοι οἴχωνται κοίλης ἐπὶ νηὸς ἄγοντες
Κ 97. δεῦρ' ἐς τοὺς φύλακας καταβήομεν, ὄφρα ἴδωμεν,
      μή τοὶ μὲν καμάτῳ ἀδηκότες ἠδὲ καὶ ὕπνῳ
      κοιμήσωνται, ἀτὰρ φυλακῆς ἐπὶ πάγχυ λάθωνται

die Hypotaxis keineswegs durch ein Wort bezeichnet, sondern nur durch den Sinn veranlasst [1]).

---

1) Vgl. dazu Delbrück I. S. 114, Weber, Absichtssätze I. S. 5 und besonders die treffenden Bemerkungen von Masius Prg. Glogau 1885 S. 14 ff.

Wie es übrigens geschah, dass der Partikel μή eine veubindende und scheinbar unterordnende Bedeutung beigelegt wurde, welche sie ursprünglich auch nicht entfernt hat, ist leicht einzusehen.

Nehmen wir ein Beispiel wie

Κ 100. δυσμενέες ἄνδρες σχεδὸν εἴαται · οὐδέ τι ἴδμεν,
μή πως καὶ διὰ νύκτα μενοινήσωσι μάχεσθαι

τ 390. αὐτίκα γὰρ κατὰ θυμὸν οἴσατο, μή ἑ λαβοῦσα
οὐλὴν ἀμφράσσαιτο καὶ ἀμφαδὰ ἔργα γένοιτο

so lassen sich die Sätze mit μή von ἴδμεν und οἴσατο kaum mehr trennen. Steht dann im ersten Satze statt eines verbum sentiendi von allgemeiner Bedeutung ein Verbum des Fürchtens wie

Χ 455 δείδια μὴ δή μοι θρασὺν Ἕκτορα δῖος Ἀχιλλεὺς
μοῦνον ἀποτμήξας πόλιος πεδίονδε δίηται

so konnte μή als eine Konjunktion erscheinen, durch welche die Hypotaxis bezeichnet und eingeleitet sei [1]). Und doch sind Sätze wie der eben angeführte ihrem ursprünglichem Wesen nach nicht anders aufzufassen als z. B.

Arist. Equ. 36 βούλει φράσω;

Soph. Phil. 751 βούλει λάβωμαι δῆτα καὶ θίγω τί σου;

Soph. El. 80. θέλεις μείνωμεν αὐτοῦ κἀνακούσωμεν γόων;

Plat. Gorg. 454e. βούλει οὖν δύο εἴδη θῶμεν πειθοῦς;

Rep. II. 372, e. εἰ δ' αὖ βούλεσθε καὶ φλεγμαίνουσαν,
πόλιν θεωρήσομεν, οὐδὲν ἀποκωλύει.

In diesen Beispielen ist nämlich nicht, wie es auf den ersten Blick scheinen könnte, der eine Satz Haupt- der andere Nebensatz, sondern beide sind ursprünglich selbstständige Sätze und zwar hat der Satz im Konjunktiv die überwiegende Kraft des Inhaltes und nicht der im Indikativ, welcher einen nicht absolut notwendigen Zusatz enthält. βούλει φράσω; heisst: „Soll ich es sagen? Willst du (dies)?" θέλεις μείνωμεν; „Sollen wir bleiben? Ist das dein Ent-

---

1) Aehnlich ist natürlich die Entwickelung bei den eigentlichen Finalsätzen, ¦bei welchen aber die Hypotaxis auch schon bei Homer durchgeführt erscheint. Vgl. Masius Prg. Glogau 1885 S. 17.

schluss?" Also auch X 455 δείδια μή — δίηται „dass nur Achilles Hektor nicht von der Stadt weg ins freie Feld scheucht! Das fürchte ich."

Bei der zweiten Art der Hypotaxis wird der Nebensatz mit dem Hauptsatz durch das Pronomen relativum verbunden. Hauptsächlich durch die sehr eingehende Abhandlung von Windisch über das Pronomen relativum in Curtius Studien II. Band ist man dazu gekommen, die Relativsätze von einer neuen Seite aus zu beurteilen. Er weist nämlich nach, dass das Pronomen relativum zusammenhänge mit der indogermanischen Wurzel ja. Alle Pronominalwurzeln waren ursprünglich deiktisch, das ist hinweisend. Bald aber bekamen sie die Fähigkeit sich auf ein vorher genanntes Wort zu beziehen. Daher wurde ihre Bedeutung aus der deiktischen eine anaphorische. Auch die Wurzel ja hatte zuerst deiktische Kraft, veränderte dieselbe aber schon vor der Sprachtrennung in die anaphorische. Weil aber das Pronomen relativum auf diese Wurzel zurückgeht, ist es offenbar, dass die Relativsätze in ihrem ursprünglichen Wesen nicht blos anaphorische, sondern auch demonstrative, das ist Hauptsätze waren.

Von dieser Bedeutung zeigt das Pronomen ὅς noch viele Beispiele bei Homer.

Α 405. ὅς ῥα παρὰ Κρονίωνι καθέζετο κύδεϊ γαίων.

Ζ 58. μηδ' ὅντινα γαστέρι μήτηρ
κοῦρον ἐόντα φέροι, μεδ' ὃς φύγοι.

Η 354. τοῖσι δ' ἀνέστη
δῖος Ἀλέξανδρος, Ἑλένης πόσις ἠυκόμοιο,
ὅς μιν ἀμειβόμενος ἔπεα πτερόεντα προσηύδα.

Κ 316. ὃς δή τοι εἶδος μὲν ἔην κακός, ἀλλὰ ποδώκης.

318. ὅς ῥα τότε Τρωσίν τε καὶ Ἕκτορι μῦθον ἔειπεν.

Λ 231. ὅς ῥα τότ' Ἀτρεΐδεω Ἀγαμέμνονος ἀντίος ἦλθεν.

Ν 646. ὅς ῥα τότ' Ἀτρεΐδαο μέσον σάκος οὔτασε δουρί.

Φ 198. ἀλλὰ καὶ ὃς δέδοικε Διὸς μεγάλοιο κεραυνόν.

α 286. ὃς γὰρ δεύτατος ἦλθεν Ἀχαιῶν χαλκοχιτώνων.

ϱ 172. καὶ τότε δή σφιν ἔειπε Μέδων· ὃς γάρ ῥα μάλιστα
ἥνδανε κηρύκων, καί σφιν παρεγίγνετο δαιτί.

Diese Relativsätze sind deutliche Spuren eines Gebrauches, nach welchem sie einst alle selbstständige Sätze waren. Da aber der andere Satz, zu dem sie eine Erweiterung bildeten, an Inhalt naturgemäss oft überwog, sind sie nach und nach zu Sätzen zweiten Ranges, zu Nebensätzen abgeschwächt worden.

Das nämliche finden wir in unserer Sprache. Denn unser Pronomen „der, die, das" ist ebenso ein deiktisches als relatives Pronomen. Selbstverständlich ist letztere Bedeutung aus ersterer hervorgegangen, welche sich aber im Gegensatz zum Griechischen nicht verlor, sondern vollwertig beibehalten wurde.

Der Uebergang von ὅς aus der anaphorischen Bedeutung in die relative ist deutlich in solchen Sätzen ersichtlich, welche sowohl untergeordnet als auch noch beigeordnet aufgefasst werden können.

A 62. ἀλλ' ἄγε δή τινα μάντιν ἐρείομεν ἢ ἱερῆα
ἢ καὶ ὀνειροπόλον καὶ γάρ τ' ὄναρ ἐκ Διός ἐστιν,
ὅς εἴπῃ ὅ τι τόσσον ἐχώσατο Φοῖβος Ἀπόλλων.

κ 538. ἔνθα τοι αὐτίκα μάντις ἐλεύσεται, ὄρχαμε λαῶν,
ὅς κέν τοι εἴπῃσιν ὁδὸν καὶ μέτρα κελεύθου.

Ζ 96. αἴ κεν Τυδέος υἱὸν ἀπόσχῃ Ἰλίου ἱρῆς,
ἄγριον αἰχμητήν, κρατερὸν μήστωρα φόβοιο,
ὃν δὴ ἐγὼ κράτιστον Ἀχαιῶν φημὶ γενέσθαι.

Η 89. ἀνδρὸς μὲν τόδε σῆμα πάλαι κατατεθνηῶτος,
ὅν ποτ' ἀριστεύοντα κατέκτανε φαίδιμος Ἕκτωρ.

Η 181. ὣς ἄρ' ἔφαν, πάλλεν δὲ Γερήνιος ἱππότα Νέστωρ,
ἐκ δ' ἔθορεν κλῆρος κυνέης, ὃν ἄρ' ἤθελον αὐτοί.

Τ 381. ἡ δ' ἀστὴρ ὣς ἀπέλαμπεν
ἵππουρις τρυφάλεια, περισσείοντο δ' ἔθειραι
χρύσεαι, ἃς Ἥφαιστος ἵει λόφον ἀμφὶ θαμείας.

Χ 169. ἐμὸν δ' ὀλοφύρεται ἦτορ
Ἕκτορος, ὅς μοι πολλὰ βοῶν ἐπὶ μηρί' ἔκηεν
Ἴδης ἐν κορυφῇσι πολυπτύχου.

Zugleich mit den Relativsätzen wird auch die dritte Art der Hypotaxis klar, bei welcher die Konjunktionen die Unterordnung zu bezeichnen und zu bewirken scheinen.

Während diese früher verkehrt aufgefasst worden sind, indem die Grammatiker ihnen eine zu gewichtige Bedeutung und vor allem die Fähigkeit zuschrieben, einen Satz dem andern unterzuordnen, ist nun eine richtige Auffassung des Wesens dieser Wortformen durch die Sprachvergleichung herbeigeführt. So weist Windisch in dem oben genannten Buche nach, dass auch die Konjunktionen meistens ebenso wie das Pronomen relativum von der Wurzel ja herzuleiten seien. Weil ihnen daher von Natur deiktische und anaphorische Bedeutung innewohnt, haben sie auf die Unterordnung der Sätze ihrer eigenen Beschaffenheit nach nicht mehr Einfluss als das Pronomen relativum, das heisst also gar keinen. Von diesem unterscheiden sie sich nur dadurch, dass sie ohne Beugung sind und den ganzen Satz anaphorisch umfassen, während jenes dekliniert wird und sich meist nur auf ein Wort bezieht[1].

Demnach unterscheiden sich auch die Nebensätze mit einer Konjunktion ihrem ursprünglichen Wesen nach in nichts von selbstständigen Sätzen und sind von Anfang an ebenfalls Hauptsätze gewesen.

Solche Konjunktionen von der Pronominalwurzel ja abstammend sind ὅ, ὅτι, ὅτε, εὖτε, ὁπότε, εἰς ὅ, ἵνα, ὡς, ὅπως, ἕως, ὄφρα, ἦμος.

Das Neutrum ὅ, hergeleitet von der Sanskritform yád, ist Accusativus und bezeichnet, dass die Sätze nach Massgabe der Bedeutung dieses Kasus untereinander zusammenhängen[2]. Die allgemeine Bedeutung dieser Konjunktion ist aber eingeschränkt und enger umgrenzt durch ein τε wie in ὅτε, εὖτε[3], durch das Indefinitum τι in ὅτι, πο und τε in ὁπότε, oder dabeistehende Präpositionen wie εἰς ὅ.

Bei Curtius Erläuterungen S. 195 ist nachgewiesen,

---

1) Vgl. Delbrück F. I. S. 53.

2) Vgl. Curtius, Erläuterungen S. 160 ff. und Chronologie S. 250 ff.

3) Vgl. Curtius, Grundzüge III S. 557.

dass ἵνα eine Instrumentalform sei und „dadurch, auf diese Weise" bedeute.

Der Ablativ der Wurzel des Relativpronomens ist ὡς, die erweiterte Form ὅπως und ὥστε.

Die Partikel ἕως ist nach Delbrück von der Sanskritform yâvad abgeleitet mit der Bedeutung „wie gross, wie voll, wie reich an etwas", auf das temporale Gebiet übertragen „wie lange" und ursprünglich anaphorisch, „so lange, bis."

Was εἰ betrifft,¹) so behauptet Windisch in seiner Untersuchung über das Relativpronomen, dass dieselbe mit der Wurzel „sva" zusammenhänge, welche ausser der reflexiven Bedeutung auch die anaphorische gehabt habe. εἰ sei der Lokativus dieser Wurzel und bedeute „an diesem Orte, zu dieser Zeit, auf diese Weise, unter dieser Bedingung.

Bei Homer ist in allen Sätzen mit diesen Konjunktionen die Hypotaxis bereits vollständig durchgeführt nach ihrer Entwickelungsgeschichte aber sind sie, wie wir sahen, parataktisch aufzufassen. Delbrück wendet auch die parataktische Uebersetzung überall an.

So z. B. S. F. I. S. 53:
B 363 κρῖν' ἄνδρας κατὰ φῦλα κατὰ φρήτρας Ἀγάμεμνον, ὡς φρήτρη φρήτρηφιν ἀρήγῃ.
Scheide die Männer nach Geschlechtern, in Folge davon soll ein Geschlecht dem andern helfen.

S. 63:
Z 448. ἔσσεται ἦμαρ ὅτ' ἄν ποτ' ὀλώλῃ Ἴλιος ἱρή.
Ein Tag wird da sein, dann soll die heilige Ilios zu Grunde gehen.

S. 71:
Φ 282. βάλλ' οὕτως, εἴ κέν τι φόως Δαναοῖσι γένηαι.
Wirf zu, auf diese Weise sollst du ein Licht den Danaern werden.

---

1) Vgl. auch Lange: Der homerische Gebrauch der Partikel εἰ. Abh. der Phil. Hist. Kl. der Kgl. Sächs. Ges. der Wiss. VI. B. Leipzig 1874.

S. 229:
ϱ 249. τόν ποτ' ἐγὼν ἐπὶ νηὸς ἐυσσέλμοιο μελαίνης
ἄξω τῆλ' Ἰθάκης, ἵνα μοι βίοτον πολὺν ἄλφοι
— auf diese Weise könnte er mir viel einbringen.
U. s. w.

Wenn wir uns also die drei Arten der Hypotaxis noch einmal vergegenwärtigen, so darf ohne Zweifel behauptet werden, dass alle Nebensätze ursprünglich Hauptsätze gewesen sind.

Mit diesem Ergebnis haben wir die Grundlage, auf welcher die Untersuchung über die Modi zu fussen hat. **Jeder Versuch, die ursprüngliche Bedeutung derselben aus dem Zusammenhang mit dem übergeordneten Satze zu erklären, beruht also auf Verkennung der allein massgebenden Verhältnisse.**

III.

Nach diesen Ausführungen über das Wesen der Hypotaxis soll die Frage über die Grundbedeutung von Konjunktiv und Optativ erörtert werden.

Der Gebrauch der Modi zeigt, dass dieselben in einem gewissen Verhältnis zu den Temporibus stehen oder dass die Bedeutung jener mit diesen zusammenhänge. Je häufiger aber diese Thatsache Gegenstand der Untersuchung gewesen ist, desto grösser schien die Schwierigkeit sich erwiesen zu haben, erschöpfende Gründe für die eine oder andere Aufstellung beizubringen.

Eine sehr ausführliche Zusammenstellung und Kritik der Versuche, die Grundbedeutungen der Modi zu finden und daraus ihre Stellung zu den Temporibus zu erklären, gibt Koppin.[1]) Ueberblickt man diese Auffassungen,[2]) so

---

[1]) Dr. Karl Koppin: Beitrag zur Entwickelung u. Würdigung der Ideen über die Grundbedeutung der griechischen Modi. I. Prg. Wismar 1877. II. Prg. Stade 1880.

[2]) Vgl. auch Philol. XXIX. S. 120 ff. Ferner Weber: Entwickelungsgeschichte der Absichtssätze I. u. II.

ergibt sich wohl ausnahmslos immer das nämliche Bestreben, den Modis von vorneherein eine modale Grundbedeutung zuzuweisen. Auf diesem allerdings sehr naheliegenden und in der Folge fast ausschliesslich betretenen Wege ist man nun durch mehr oder weniger scharfsinnige Erörterungen und philosophische Deduktionen dazu gekommen, als dem Konjunktiv und Optativ von Anfang innewohnende Bedeutung die teilweise schwierigen Begriffe wie Realität und Idealität, objektive und subjektive Begehrung oder Absicht, Bezeichnung des Naheliegenden und Entfernten, Vorstellung des Geschehenden und Gedachten, Ausdruck für Wirklichkeit und Möglichkeit, bestimmte und minder intensive Erwartung, Wille und Wunsch aufzustellen.

Freilich ist keine Frage, dass der Konjunktiv und Optativ diese Bedeutungen in der That aufweisen, aber eben nur auf der höchsten Stufe der Entwicklung und Verfeinerung der Sprache, als durch die ausgedehnteste und vollkommenste Ausbildung der Hypotaxis und die damit ungemein gesteigerte Bedeutungsfülle der Modi jede Gedankenfeinheit zum Ausdruck gebracht werden konnte. Allein wenn man die Anwendungsarten, welche die Modi in dem bereits vollendeten Ausbau des Sprachgebäudes zeigen, als Abbild des allerersten Gebrauches hinstellt, so bleibt die Forschung an dem Punkte stehen, wo sie erst beginnen muss.

Zieht man nämlich in Erwägung, dass sich die Sprache nur allmählich entwickelte und die dem anfangs noch geringeren Bedürfnisse entsprechende kleinere Anzahl von Formen mit einfachen Bedeutungen erst nach und nach zu einer reichen Fülle von Sprachmitteln, die den subtilsten Gedankengang zu verkörpern imstande sind, heranwuchs, so erscheint als unerlässliches Merkmal der wirklichen Grundbedeutung einer Form möglichste Einfachheit, da es ferner geboten ist, der Untersuchung nur die Parataxis zugrunde zu legen, so fallen viele von den als Grundbedeutung der Modi angegebenen Begriffen als erst durch die ausgedehnte Anwendung der Hypotaxis in den Satz hineingetragen sofort weg.

Scheint ja doch die Modalität überhaupt ihrem Ursprunge nach einer höheren sprachlichen Entwickelungsstufe anzugehören, so dass sich die Frage aufdrängt, ob diese für eine Grundbedeutung nicht zu wenig einfach ist.

Sehen wir uns nun um, welche Stellung die wissenschaftliche Forschung bis auf diesen Tag den beiden Modis gegenüber einnimmt, so finden wir im Handbuch der klassischen Philologie II S. 102 die Worte: „Als Grundbedeutung des Konjunktivs wird jetzt gewöhnlich mit Delbrück die des Willens, des machtbewussten Begehrens angesehen, aus der sich allerdings alle Funktionen ohne Zwang entwickeln lassen."

Die Ansicht Delbrücks von der Grundbedeutung des Konjunktivs wird hier also gebilligt und anerkannt.

Es ist freilich unbestreitbar, dass eine sehr grosse Anzahl von Konjunktiven bei Homer die Bedeutung des Willens haben und ohne Schwierigkeit lassen sich viele Beispiele anführen. Niemand wird daher in Zweifel ziehen, dass die von Delbrück S. F. I S. 110 ff. beigebrachten Stellen ihren Zweck vollkommen erfüllen.

Allein nun ändert sich die Sache schon etwas. Delbrück sah natürlich auch ein, dass sich bei unendlich vielen Stellen der Begriff des Willens nicht in vollem Umfang aufrecht halten lasse. Dies musste sich besonders fühlbar machen bei der Art und Weise, wie er diesen Ausdruck des Willens erklärt. $\lambda\acute{\epsilon}\gamma\omega$ heisst „ich will sagen", aber $\lambda\acute{\epsilon}\gamma\eta\varsigma$, $\lambda\acute{\epsilon}\gamma\eta$ nicht etwa „du willst, er will sagen", sondern „ich will, dass du sagst, ich will, dass er sagt". Der Wille geht also von der sprechenden oder in Fragen von der angeredeten Person aus z. B. $\lambda\acute{\epsilon}\gamma\eta$; $\lambda\acute{\epsilon}\gamma\omega\sigma\iota\nu$; „Willst du, dass er, dass sie sagen? Soll er, sollen sie sagen?" Aber gerade die Unmöglichkeit, diese Auffassung überall durchzuführen zeigt deutlich, dass der Wille nicht die ursprünglichste Bedeutung des Konjunktivs sein könne. Sehr richtig bemerkt hiezu Masius Prg. Glogau 1885 S. 29, wo er von dem Konjunktiv in Fragesätzen spricht, folgendes: „Uebrigens geraten diejenigen, welche dem Konjunktiv die Bedeutung des Wollens zuschreiben, hier mit sich in eine Art Widerspruch. Wenn darnach ἴωμεν mit Recht heisst: wir wollen gehen d. h. ich will, dass wir gehen, sowie ἴω ich will gehen, μὴ ἔλϑῃς ich will nicht, dass du kommst, komme nicht, μὴ ἔλϑῃ ich will nicht, dass er kommt, er soll nicht kommen, so ist nicht einzusehen, wie das fragende ἴωμεν zu der Bedeutung kommt: sollen wir gehen? die doch auf den Sinn zurückführt, willst du, dass wir gehen? Es hätte gefolgert werden müssen: will ich, dass wir gehen? Aus diesen Unzuträglichkeiten ergibt sich klar, dass im Konjunktiv von Haus aus weder das Wollen, noch das Sollen lag, sondern dass dies erst nach Massgabe der äusseren Situation des Sprechenden sozusagen in den Konjunktiv mit hineingelesen und hineingehört wurde".

Weil es ferner begreiflich ist, dass nicht überall da, wo ein Konjunktiv steht, von einer wirklichen Willensäusserung die Rede sein kann, fügt Delbrück an die Konjunktive mit der Bedeutung des Willens von S. 23 und 112 an eine neue Ordnung von Konjunktiven, bei denen „die subjektive Erregung, verglichen mit den Konjunktiven des Wollens, abgeschwächt erscheint".

Demnach wären dies Stellen, an denen die Grundbedeutung des Modus schon verwischt und verblasst ist; sie müssten also offenbar im Verhältnis zu den Konjunktiven des Wollens einen späteren Gebrauch aufweisen.

Soviel ist auch vollkommen sicher, dass sich die Grundbedeutung eines Modus in der späteren Sprachentwickelung nicht unverändert erhielt, sondern sie hat sich zugleich mit der Vermehrung der Bngriffe und Anschauungen nach mehreren Richtungen abgezweigt, modificiert und abgeschwächt. Immerhin aber wird wohl jeder, der unbefangen urteilt, zugeben, dass nur dann mit Recht von einer Grundbedeutung gesprochen werden kann, wenn das Wesen derselben in jeder, auch der spätesten und verändertsten Anwendung sich wenigstens dem Kerne nach noch zeigt, dass aber der Aufstellung einer solchen dann berechtigtes Misstrauen entgegengebracht wird, wenn diese Forderung nicht nur nicht erfüllt ist, sondern die Bedeutung jener Verbalformen an vielen Stellen sogar von der aufgestellten Grundbedeutung abweicht, ja zu derselben geradezu im Gegensatze steht.

Das ist nun mit dem Willen beim Konjunktiv der Fall.

Den Stellen nämlich, an welchen der Wille passend ist, lassen sich vielleicht ebenso viele entgegensetzen, bei denen es höchst verkehrt wäre, an einer Willensäusserung in voller oder auch nur abgeschwächtester Bedeutung zu denken.

Greifen wir einige Beispiele heraus:

Θ 10. ὃν δ' ἂν ἐγὼν ἀπάνευθε θεῶν ἐθέλοντα νοήσω
ἐλθόντ' ἢ Τρώεσσιν ἀρηγέμεν ἢ Δαναοῖσιν,
πληγεὶς οὐ κατὰ κόσμον ἐλεύσεται Οὔλυμπόνδε.

Zeus will ja eben gerade keinen der Götter fern von den andern sich in den Streit der Menschen mischen sehen. Ist es also nicht gerade das Gegenteil von dem wirklichen Sinne, in *νοήσω* auch nur die leiseste Willensregung erblicken zu wollen?

ο 281. ἀλλ' ἔπευ · αὐτὰρ κεῖθι φιλήσεαι, οἷά κ' ἔχωμεν.

Niemand wird daran denken, die Worte etwa so aufzufassen: Aber dort wirst du freundlich bewirtet werden, mit dem was wir haben wollen oder haben sollen.

ο 448. οἴσω γὰρ καὶ χρυσόν, ὅ τίς χ' ὑποχείριος ἔλθῃ.

Es hängt eben gerade nicht von dem Willen der Phönicierin ab, wie viel Gold ihr unter die Hände kommt.

I 74. πολλῶν δ' ἀγρομένων τῷ πείσεαι, ὅς κεν ἀρίστην
βουλὴν βουλεύσῃ.

Ein trefflicher Rat lässt sich auch von dem Mächtigsten nicht erzwingen. Es wäre also widersinnig, *βουλεύσῃ* mit dem Begriffe des Willens zusammenzubringen.

ν 365. αὐτοὶ δὲ φραζώμεθ' ὅπως ὄχ' ἄριστα γένηται.

Nach dem Sinne der Stelle kann nimmermehr der gute Verlauf der kommenden Ereignisse von dem Willen der Athene oder des Odysseus beeinflusst werden.

φ 381. Τηλέμαχος κέλεταί σε, περίφρων Εὐρύκλεια,
κλῆϊσαι μεγάροιο θύρας πυκινῶς ἀραρυίας,

ἢν δέ τις ἢ στοναχῆς ἠὲ κτύπου ἔνδον ἀκούσῃ,
ἀνδρῶν ἡμετέροισιν ἐν ἕρκεσι, μή τι θύραζε
προβλώσκειν.

Es liegt auf der Hand, dass es unmöglich ist, bei ἀκούσῃ an eine wenn auch noch so abgeschwächte Willensäusserung zu denken.

N 817. σοὶ δ' αὐτῷ φημὶ σχεδὸν ἔμμεναι, ὁππότε φεύγων
ἀρήσῃ Διὶ πατρὶ καὶ ἄλλοισ' ἀθανάτοισιν.

„Wenn du auf der Flucht zu Zeus beten sollst", wäre ein völlig ungeeigneter Sinn.

Ξ 5. ἀλλὰ σὺ μὲν νῦν πῖνε καθήμενος αἴθοπα οἶνον,
εἰς ὅ κε θερμὰ λοετρὰ ἐυπλόκαμος Ἑκαμήδη
θερμήνῃ καὶ λούσῃ ἄπο βρότον αἱματόεντα.

Auch hier kann bei θερμήνῃ und λούσῃ ein Wille nicht inbetracht kommen.

Diese Beispiele liessen sich unendlich vermehren und liefern den sicheren Beweis, dass, wenigstens soweit es den Konjunktiv in abhängigen Sätzen betrifft, von dem Willen auch in der abgeschwächtesten Erregung nicht die Rede sein kann.

Wundern jedoch muss man sich, dass der Meinung Delbrücks noch beigepflichtet werden kann, wenn man folgende Konjunktive in unabhängigen Sätzen, in welchen also die ursprüngliche Bedeutung des Modus noch am wenigsten getrübt erscheinen muss, in Erwägung zieht.

ζ 201. οὐκ ἔσθ' οὗτος ἀνὴρ διερὸς βροτός, οὐδὲ γένηται,
ὅς κεν Φαιήκων ἀνδρῶν ἐς γαῖαν ἵκηται.

Der Wille der Nausikaa hat nicht den mindesten Einfluss darauf, ob es einen Mann gibt, der mit feindlichen Absichten ins Phäakenland kommt oder nicht.

Α 262. οὐ γάρ πω τοίους ἴδον ἀνέρας οὐδὲ ἴδωμαι.

In ἴδωμαι den Begriff des Willens verlegen zu wollen ist das Gegenteil von der richtigen Auffassung.

Ω 550. οὐ γάρ τι πρήξεις ἀκαχήμενος υἷος ἑῆος,
οὐδέ μιν ἀστήσεις, πρὶν καὶ κακὸν ἄλλον πάθῃσθα.

Die Uebersetzung: „Eher sollst du ein anderes Uebel erdulden" wäre, wie jedermann zugeben wird, völlig haltlos und unrichtig, weil Achilles ja gar nicht daran denkt, dem greisen Priamus ein Leid anzuthun, sondern ihn seines Schutzes versichert hat.

H 87. καί ποτέ τις εἴπῃσι καὶ ὀψιγόνων ἀνθρώπων.
Z 459. καί ποτέ τις εἴπῃσι ἰδὼν κατὰ δάκρυ χέουσαν.
Z 479. καί ποτέ τις εἴπῃσι πατρός γ' ὅδε πολλὸν ἀμείνων.
ζ 275. καὶ νύ τις ὡς εἴπῃσι κακώτερος ἀντιβολήσας.

Hier ist mit den Wortes καί ποτέ τις εἴπῃσι ein Ereignis bezeichnet, dessen Eintreten mit Sorgen und Bangen vorausgesehen, also sicher nicht gewollt wird.

X 505. νῦν δ' ἂν πολλὰ πάθῃσι, φίλου ἀπὸ πατρὸς ἁμαρτών. Wie beim vorhergehenden Beispiele wäre eine Willensäusserung der diese Worte sprechenden Andromache, die soeben ihres Gatten beraubt wurde, dem wahren Sinne entgegengesetzt. Auch an den Willen des Schicksals zu denken, ist offenbar ungeeignet [1]).

Ω 654. αὐτίκ' ἂν ἐξείποι Ἀγαμέμνονι ποιμένι λαῶν,
καί κεν ἀνάβλησις λύσιος νεκροῖο γένηται.

Wollte man γένηται wie Delbrück auffassen, so wäre das gewiss unrichtig [2]), (Nauck liest γένοιτο).

δ 391. καὶ δέ κέ τοι εἴπῃσι, διοτρεφές, αἴ κ' ἐθέλῃσθα,
ὅττι τοι ἐν μεγάροισι κακόν τ' ἀγαθόν τε τέτυκται.

Wie könnte es von dem Willen der Eidothea abhängig gemacht werden, dass ihr Vater Proteus dem Menelaus Kunde von seiner Heimat gebe?

Angesichts dieser Stellen ist es wohl unthunlich, an dem Willen als Grundbedeutung des Konjunktivs noch festzuhalten. Darf man auch beim Aufsuchen der ursprünglichen Bedeutung der Modi sich keineswegs der Hoffnung hingeben, diese überall noch in klarer Schärfe hervortreten zu sehen, so ist doch, wie schon erwähnt, daran festzuhalten, dass auch der spätere Gebrauch zu der Grundbedeutung in einer

---

1) Ebenso Masius Prg. Glogau 1885 S. 4.
2) Ebenda S. 8.

immerhin erkennbaren Beziehung stehen muss, keinesfalls aber mit derselben im Widerspruch stehen darf.

Es konnte daher nicht ausbleiben, dass gegen Delbrücks Aufstellung von der Grundbedeutung des Konjunktis vereinzelte Stimmen laut wurden. So macht es sich Masius Prg. von Glogau 1885 „Ueber den Gebrauch des Konjunktiv in unabhängigen Sätzen bei Homer" zur Aufgabe nachzuweisen, dass die Grundbedeutung des Konjunktivs nicht der Wille sondern der Potentialis sei. Seite 2 sagt er: „Im folgenden soll der Versuch gemacht werden, die Stellen, an denen sich bei Homer der Konjunktiv findet, derartig anzuordnen, zu besprechen und zu verwerten, dass die entgegengesetzte Ansicht von der Grundbedeutung des Konjunktiv als des Modus potentialis der Erwartung eine Stütze gewinnt". Er teilt diese Konjunktive ein in den Konjunktiv potentialis der Erwartung, in den Konjunktiv in Furchtsätzen, in der prohibitiven und adhortativen und in den Konjunktiven in Fragesätzen. Der Nachweis, dass der Konjunktiv in allen diesen Sätzen nicht den jussiven Sinn hat, ist offenbar geliefert. Den Unterschied aber, den er zwischen dem Futurum und dem Konjunktiv in ihrer Bedeutung findet, erklärt er S. 4 auf folgende Weise. „Für die Vorhersagung von bestimmten Einzelereignissen bedarf es, wenn der Redende den Hörer an ihr Eintreten glauben machen will, einer bestimmten Form der Aussage, die das Vorherverkündete als ein Gewusstes, sicher Wirkliches hinstellt, für die Verhersagung dagegen allgemein gehaltener, im einzelnen nicht genau bestimmter Ereignisse, Handlungen oder Zustände genügt diejenige Form der Aussage, die das Vorherverkündete nur als ein Erwartetes hinstellt, d. h. der Konjunktiv potentialis". Diesen Unterschied findet er unter anderem an den Stellen X 505, I 121, Ξ 234, $\varkappa$ 504, H 87, Z 459, ζ 275.

In ähnlichem Sinne spricht sich bereits Hentze, Philol. 29 S. 128 ff. aus. „Augenscheinlich", sagt er, „vertritt der Konjunktiv bei Homer die Stelle der Umschreibung mit $\mu\acute{\epsilon}\lambda\lambda\omega$, die in der Folge erst dann eintrat, als seine ursprüngliche Bedeutung durch die weitere Entwickelung verdunkelt war. Will man dieser Verbalform aber vom Standpunkt des Redenden aus seine Stelle unter den andern Modi anweisen, so kann man ihn nur dem Modus nebenordnen, der die Handlung als Wirklichkeit hinstellt, d. h. dem Indikativus. Geht man aber von diesem Begriff der actio instans aus, so wird zugleich der Unterschied zwischen dem Konjunktiv und dem nahverwandten Futurum klar: Der Konjunktiv bezeichnet, zunächst ohne an eine bestimmte Zeit gebunden zu sein, die bevorstehende Handlung, das Futurum dagegen die in der Zukunft eintretende Handlung".

Es ist wohl keine Frage, dass sich an den von Masius und Hentze vorgeführten Stellen ein derartiger Unterschied zwischen dem Futurum und dem Konjunktiv aufstellen lässt, aber es scheint diese Erklärung manchmal etwas gesucht zu sein und in die Sätze eine wenigstens nicht notwendige Auffassung erst hineinzutragen.

Betrachten wir nämlich folgende Stellen:

B 488. πληθὺν δ' οὐκ ἂν ἐγὼ μυθήσομαι οὐδ' ὀνομήνω.

δ 240. πάντα μὲν οὐκ ἂν ἐγὼ μυθήσομαι οὐδ' ὀνομήνω.

λ 328. πάσας δ' οὐκ ἂν ἐγὼ μυθήσομαι οὐδ' ὀνομήνω.

ζ 126. ἀλλ' ἄγ', ἐγὼν αὐτὸς πειρήσομαι ἠδὲ ἴδωμαι.

ν 215. ἀλλ' ἄγε δὴ τὰ χρήματ' ἀριθμήσω καὶ ἴδωμαι.

Λ 431. σήμερον ἢ δοιοῖσιν ἐπεύξεαι Ἱππασίδῃσιν,
τοιώδ' ἄνδρε κατακτείνας καὶ τεύχε' ἀπούρας,
ἤ κεν ἐμῷ ὑπὸ δουρὶ τυπεὶς ἀπὸ θυμὸν ὀλέσσῃς.

so fragt es sich doch recht, ob irgend ein triftiger Grund gefunden werden kann, der eine unterschiedliche Auffassung des Futurums und Konjunktivs in dem angeführten Sinne notwendig erscheinen liesse.

Immerhin ist wenigstens so viel sicher, dass der Potentialis der ursprünglichen Bedeutung des Konjunktiv bedeutend näher steht als der Wille: der Ansicht jedoch, dass in demselben die Grundbedeutung endgiltig gefunden sei, können wir uns nicht anschliessen.

Ohne Zweifel muss nämlich angenommen werden, dass die Sprache zuerst nur für die Bezeichnung von einfachen Begriffen, welche der objektiven Anschauung entsprachen,

Formen gebildet habe. Zunächst wird es genügt haben, Sprachmittel zu besitzen, welche die naheliegenden, also gegenwärtigen Dinge der Auffassung vermittelten, alsdann stellte sich wohl auch sehr bald das Bedürfnis heraus, einerseits vergangene aber noch in der Erinnerung festgehaltene Ereignisse sprachlich darzustellen, anderseits umfasste der Verstand infolge der aus der Vergangenheit gewonnenen Erfahrung in Verbindung mit der Anschauung der vor Augen liegenden Dinge auch die Zukunft und bildete Sprachformen zur Bezeichnung des erst in der kommenden Zeit Geschehenden.

Damit war wohl die Bildung einer besonderen, den ersten Bedürfnissen genügenden Gruppe von Verbalformen abgeschlossen, nämlich die der Tempora, soweit sie zur Bezeichnung der hauptsächlichen Zeitsphären notwendig waren.

Ein weiterer Schritt geschah nun, indem die subjektive Ansicht des Redenden mehr und mehr in den Vordergrund trat. Man begnügte sich sehr oft nicht mehr damit, die Dinge in rein sachlicher und objektiver Weise darzustellen, sondern die Reflexion über Geschehendes, Geschehenes und Zukünftiges machte sich lebhaft geltend. Dieser Fortschritt des Geistes musste natürlich auch auf die Form, auf die Sprache, seinen Einfluss ausüben? Und wie äusserte sich diese Einwirkung? Es entstanden die Modi. Weil aber keine sprachliche Entwickelung, wenn es auch oft so scheinen sollte, sprung- und ruckweise, sondern in stetigem Fortschritte nach bestimmten Gesetzen sich vollzieht, so darf man auch hier nicht glauben, dass plötzlich und mit einem Male die Modi geschaffen worden wären, sondern es ist bei allen diesen Sprachwandelungen deutlich ersichtlich, dass schon vorhandene Formen nach und nach ihren Inhalt ändern und sich mehr anderen Anschauungen nähern, die von ihrer ursprünglichen Bedeutung zwar mehr oder weniger weit entfernt sein kann, mit derselben aber immer in einem, wenn auch manchmal nicht auf den ersten Blick erkennbaren Zusammenhang steht. Erst dann, wenn es sich fühlbar machte, dass eine Form ihre ursprüngliche Aufgabe nicht mehr ganz erfüllte, schritt die Sprache allmählich zu einer Neubildung.

Auf diese Weise ist es also geschehen, dass sich die Modi aus schon vorhandenen Temporalformen bildeten, als man begann, das, was durch die Tempora bisher nur als objektive Thatsache dargestellt wurde, in den Bereich der subjektiven Vorstellung zu rücken.

Auf grund dieser Erwägungen thun wir, nachdem die ursprüngliche Bedeutung des Konjunktivs, die futurische, wohl kaum mehr in Zweifel gezogen werden kann, den weiteren nötigen Schritt in der Erforschung seines Wesens, indem wir behaupten, dass der Konjunktiv jener ersten Gruppe von Formen zuzuweisen und demnach ein ursprüngliches Tempus ist, das die Zukunft vom Standpunkt der Gegenwart aus bezeichnete und vor dem Futurum auf σω vorhanden war. Erst als der Konjunktiv anfing mehr in die modale Bedeutung überzugehen, und das Bedürfnis sich herausstellte, durch eine neue Form die Zukunft wieder scharf und bestimmt zu bezeichnen, entstand das Futurum auf σω, dessen jüngeres Alter gegenüber dem Konjunktiv auch durch die längst erkannte Thatsache vollauf bestätigt wird, dass die zusammengesetzten Formen späteren Ursprungs sind als die einfachen.

In der späteren Sprache haben sich nun die beiden Formen als Modus und Tempus deutlich geschieden, in den homerischen Gesängen aber ist, wie wir sahen, der Konjunktiv noch in seiner uralten Anwendung als Tempus, und zwar auch neben dem Futurum in noch vollkommener oder kaum verminderter Gleichberechtigung mit demselben vorhanden, so dass also seine Grundbedeutung klar zu Tage tritt.

Aus derselben lässt sich jede Art der Anwendung des Konjunktivs, so z. B. auch in Bedingungs- und Temporalsätzen, mühelos und ohne Zwang erklären und man wird nicht einen Konjunktiv anführen können, dessen Sinn und Gebrauch sich nicht durch die ursprüngliche Aufgabe dieses

Modus, die Zukunft von der Gegenwart aus zu bezeichnen, nachweisen und begreifen liesse.

IV.

Aus diesen Erörterungen ergibt sich nun in Verbindung mit der Thatsache, dass alle Nebensätze aus Hauptsätzen entstanden sind, für den Konjunktiv in abhängigen Sätzen aufs deutlichste, dass derselbe, **ohne alle Rücksicht auf das Tempus im Hauptsatze**, im Nebensatze dann steht, wenn die Handlung desselben vom Standpunkt der Gegenwart aus in die Zukunft sich erstreckt. Es versteht sich, dass die Tendenz zum Futurum an den einen Stellen oft noch recht sichtbar ist, während dieselbe an anderen wiederum weniger ausgeprägt erscheint und wegen des für die Auffassung oft verschwindenden Zwischenraumes zwischen Gegenwart und Zukunft die Anschauung der ersteren begreiflicher Weise mehr hervortritt.

Dem entsprechend finden wir also den Konjunktiv nach einem Haupttempus deswegen so unendlich oft, weil, wenn die Handlung des übergeordneten Satzes der Gegenwart oder dem Futurum angehört, dies auch beim Nebensatze meist, bei Absichtssätzen immer, der Fall ist. Ebensogut ist aber möglich, dass der Inhalt des übergeordneten und untergeordneten Satzes insoferne in verschiedenen Zeitsphären sich bewegen, als im ersteren eine vergangene, in letzterem aber eine gegenwärtige oder auf die Gegenwart sich erstreckende Handlung enthalten ist.

In diesem Falle begegnen wir also dem Konjunktiv nach einem Nebentempus.

A 158. ἀλλὰ σοί, ὦ μέγ' ἀνειδές, ἅμ' ἑσπόμεθ', ὄφρα σὺ χαίρῃς.
Die Griechen waren zwar schon damals, als sie aus ihrem Vaterlande nach Troja gezogen sind, bestrebt, dem Agamemnon durch ihre Teilnahme am Kriegszuge Freude zu bereiten, aber diese Freude über ihre damalige Bereitwilligkeit soll auch jetzt noch, wo Achilles mit ihm spricht, andauern.

A 442. ὦ Χρύση, πρό μ᾽ ἔπεμψε ἄναξ ἀνδρῶν Ἀγαμέμνων
παῖδά τε σοι ἀγέμεν, Φοίβῳ θ᾽ ἱερὴν ἑκατόμβην
ῥέξαι ὑπὲρ Δαναῶν, ὄφρ᾽ ἱλασόμεσθα ἄνακτα.

Der Inhalt des Nebensatzes ist aus dem Sinne des eben redenden Odysseus gesprochen, nicht aus dem des Agamemnon. „Damit wir (jetzt, wo wir da sind) den Herrscher versöhnen".

Aus dem nämlichen Grunde finden wir den Konjunktiv nach einem Nebentempus *B* 206, *E* 128, *Z* 358, *H* 27, *I* 99, *I* 495, *I* 691, *K* 90, *M* 356, *Σ* 199, *Y* 126, *Y* 185, *X* 282, *β* 43, *γ* 15, *δ* 713, *δ* 749, *θ* 580, *ι* 13, *λ* 94, *λ* 214, *μ* 66, *ν* 303, *ν* 418, *π* 234, *π* 293, *χ* 373, *ω* 360. An allen diesen Stellen beweist der Konjunktiv nach einem Präteritum, dass dieser Modus für sich selbst, ohne von dem vorausgehenden Tempus beeinflusst zu sein, eine gegenwärtige oder vom Standpunkt der Gegenwart aus zukünftige Sache bezeichnet.

V.

Wenden wir uns nun zum Optativ.

Als Grundbedeutung dieses Modus nennt Delbrück bekanntlich den Wunsch und diese Auffassung scheint so ziemlich allgemein anerkannt und gebilligt zu sein [1]).

Allein dieser Annahme, welche freilich zu dem Namen des Modus vorzüglich passt, stehen ebenso gewichtige Bedenken gegenüber, wie dem Willen als Grundbedeutung des Konjunktivs. **Vor allem widerspricht es, wie schon erwähnt, den Gesetzen der Sprachentwickelung, als ursprünglichste Bedeutung einer derartigen Verbalform einen anderen als einen ganz einfachen, naheliegenden und durch die ersten Erfordernisse der Verständigung und des Ausdruckes gebotenen Begriff anzunehmen.** Muss es daher, von allen eingehenderen Beweisen noch abgesehen, bei einigem Erwägen nicht auffallend erscheinen, dass die

---

1) Vgl. Handbuch der klass. Altertumswissen. II. S. 102.

Sprache für einen verhältnismässig so seltenen Begriff, wie es der Wunsch ist, eine besondere Form gebildet habe? Noch unwahrscheinlicher ist es anzunehmen, dass, wie Delbrück nachzuweisen sucht, der ungleich häufigere Gebrauch des potentialen Optativs aus der Bedeutung des Wunsches durch Abschwächung der Intensität des Begehrens hervorgegangen sei.

Wollte man aber beides gleichwohl für möglich halten, so muss man sich darüber klar sein, dass sich eine kleine Spur von dieser Grundbedeutung, mag sie sich im Laufe der Zeit immerhin ausserordentlich geändert haben, auch in dieser Anwendungsart bemerken lassen müsste, eine Forderung, die sich von dem Wesen einer wirklichen Grundbedeutung schlechterdigs nicht trennen lässt.

Dies ist nun aber keineswegs der Fall. Haben wir z. B. einen Potentialis wie

T 321. $o\grave{v}$ $\mu\grave{\varepsilon}\nu$ $\gamma\acute{\alpha}\varrho$ $\tau\iota$ $\varkappa\alpha\varkappa\acute{\omega}\tau\varepsilon\varrho o\nu$ $\mathring{\alpha}\lambda\lambda o$ $\pi\acute{\alpha}\vartheta o\iota\mu\iota$
ζ 285. $\mathring{\omega}\varsigma$ $\mathring{\varepsilon}\varrho\varepsilon o\iota\sigma\iota\nu$, $\mathring{\varepsilon}\mu o\grave{\iota}$ $\delta\acute{\varepsilon}$ $\varkappa'$ $\mathring{o}\nu\varepsilon\acute{\iota}\delta\varepsilon\alpha$ $\tau\alpha\~{\upsilon}\tau\alpha$ $\gamma\acute{\varepsilon}\nu o\iota\tau o$
$\varDelta$ 171. $\varkappa\alpha\acute{\iota}$ $\varkappa\varepsilon\nu$ $\mathring{\varepsilon}\lambda\acute{\varepsilon}\gamma\chi\iota\sigma\tau o\varsigma$ $\pi o\lambda\upsilon\delta\acute{\iota}\psi\iota o\nu$ $"A\varrho\gamma o\varsigma$ $\mathring{\iota}\varkappa o\acute{\iota}\mu\eta\nu$
$\varkappa$ 573. $\tau\acute{\iota}\varsigma$ $\mathring{\alpha}\nu$ $\vartheta\varepsilon\grave{o}\nu$ $o\mathring{v}\varkappa$ $\mathring{\varepsilon}\vartheta\acute{\varepsilon}\lambda o\nu\tau\alpha$
$\mathring{o}\varphi\vartheta\alpha\lambda\mu o\~{\iota}\sigma\iota$ $\mathring{\iota}\delta o\iota\tau'$ $\mathring{\eta}$ $\mathring{\varepsilon}\nu\vartheta'$ $\mathring{\eta}$ $\mathring{\varepsilon}\nu\vartheta\alpha$ $\varkappa\iota\acute{o}\nu\tau\alpha$;

so wird man zugeben, dass es mit dem Sinne im Widerspruch stehen würde, an einen Wunsch auch in der schwächsten Intensität zu denken. Noch weniger möglich ist es, den Optativ in den Bedingungs- und Temporalsätzen mit dem Begriffe des Wünschens in Zusammenhang zu bringen.

Delbrück hat die Schwierigkeit, alle Optative auf Grund des Wunsches zu erklären, auch wohl eingesehen und deshalb eine zweite grosse Gruppe von Optativen angenommen, welche er futurische nennt, vgl. S. 28 ff., und die er dadurch mit dem Wunsch zusammenhängend darzustellen sucht, dass er sagt, es sei ihnen allen gemeinsam, dass auf das mögliche Eintreten des Gewünschten ein Gewicht gelegt werde. Allein es ist unmöglich, alle Optative von diesem Standpunkte aus aufzufassen und die nicht seltenen Stellen, bei denen eher das Gegenteil von einem auch nur sehr wenig betonten Wunsche sich geltend macht, finden keine Erwähnung.

Auch Aken wendet sich Prg. Güstrow 1850 S. 8 gegen den Begriff des Wunsches als Grundbedeutung mit folgenden richtigen Bemerkungen: „Den Optativ des Wunsches dadurch zu erklären, dass man in dieser Bedeutung seine ursprüngliche sieht, hat man meist aufgegeben. Solche wäre auch nicht zu fassen in einem Gegensatze zu der des Indikativ und ausserdem nur künstlich durchzuführen. Hätte wirklich der Grieche überall, wo der Optativ steht, auch „gewünscht", so hätte er eine ganz absonderliche Denk- und Ausdrucksweise vor den übrigen Sprachen voraus, entbehrte dagegen einer weit notwendigeren, etwas, was man ohne die zwingendsten Gründe doch nicht annehmen darf".

Die potentiale Bedeutung, welche, wie auch Delbrück zugibt, mit der futurischen enge zusammenhängt, kann also nicht auf den Optativ des Wünschens zurückgeführt werden.

Der andere Gebrauch des Optativs, der im Nebensatze nach vorausgehendem Präteritum, erfordert noch mehr unsere Aufmerksamkeit.

Die Schwierigkeit, auch bei Erklärung dieser Funktion des Modus von der Bedeutung des Wunsches auszugehen, liegt auf der Hand.

Die bemerkenswertesten Versuche, diese Anwendung des Optativs darzulegen und mit den gewöhnlichen Anschauungen über den Modus in möglichst guten Einklang zu bringen, müssen hier eine ausführlichere Berücksichtigung finden.

Delbrück sagt darüber in dem oft genannten Buche S. 83 folgendes:

„Es soll bezeichnet werden, dass etwas in der Vergangenheit zu denken sei, und dazu findet eine Verschiebung des Modus statt! Ein Deutscher könnte geneigt sein zu fragen, warum denn das Griechische nicht einfach in solchem Falle den Konjunktiv eines historischen Tempus angewendet hat. Die Antwort ist, weil es keinen besitzt. Dass die Modi des Aorist von denen des Präsens nicht der

Zeitstufe nach verschieden sind, ist aus jeder Seite unserer Beispielsammlung ersichtlich. Wenn also das Griechische nicht eine Verschiebung des Tempus eintreten lassen konnte, so musste es sich auf andere Weise helfen. Es setzte statt des Konjunktivs, welcher immer eine „Tendenz zur Wirklichkeit" hat, den von der Wirklichkeit viel weiter entfernten Modus, den Modus des Wunsches, der Vermutung, der Annahme, den Optativ ein. Es drückt also nicht direkt die Vergangenheit aus, sondern deutet nur an, dass die Handlung nicht eben noch mit der Wirklichkeit verknüpft sei".

Ungefähr dasselbe bemerkt Urtel „Ueber den homerischen Gebrauch des Optativs der abhängigen Rede" Weimar 1884. Es sei bekannt, dass die griechische Sprache von Anfang an den Gebrauch von Konjunktiv und Optativ in einem Wunsch- und Aussagesatz gehabt habe. Demnach sei ein grosser Reichthum, um nicht zu sagen ein Ueberfluss an Sprachformen vorhanden. Im Hauptsatze sei dieser Reichtum beibehalten und verleihe den Sätzen auf geistreiche Weise eine gewisse Beschränkung und Urbanität, in Nebensätzen werde der eine Modus, der Optativ, dazu verwendet, die Zeitenfolge zum Ausdruck zu bringen, die bisher nur in selbstständigen Sätzen ersichtlich gewesen sei. Der Optativ werde aber deswegen zur Bezeichnung des Präteritums verwendet, weil der Wunsch, die subjektive Annahme, welche Bedeutungen der Optativ gerade habe, auch für das Präteritum gelten, nicht aber der Wille und die Erwartung, welche Begriffe der Konjunktiv ausdrücke.

Ebenso führt Weber für die Verbindung des Optativs mit dem Präteritum den Umstand als Grund an, dass derselbe Dinge, die von der Wirklichkeit entfernt seien, bezeichne. In seiner Abhandlung „Entwickelungs-Geschichte der Absichtssätze I. 1884 S. 52 ff. sagt er folgendes:

„Bei der Bezeichnung vergangener Dinge bedient sich der Grieche des Hilfsmittels, dass er die schwächere Form des Begehrens, den Wunsch wählt, welcher Erreichbares und Unerreichbares ohne Unterschied umfasst, mit der Wirklichkeit viel weniger enge zusammenhängt und sonach geeignet ist, wenigstens die Vorstellung der Vergangenheit zu erwecken, wenn diese auch nicht zu bezeichnen. Der Sprechende eliminiert das Stück von Wirklichkeit, von Gegenwart, das in dem Konjunktiv steckt, und durch diese Ausscheidung der Gegenwart erregt er die Vorstellung des Gegensatzes, der Vergangenheit".

Alsdann erklärt Lange in seiner Abhandlung „Der Gebrauch der Partikel εἴ" [1]) S. 88, der Optativ könne nicht gleichsam für den Konjunktiv des Präteritums gehalten werden. Es sei der Modus der subjektiven Vorstellung und es werde immer derjenige Modus geschrieben, welcher der ψυχικὴ διάθεσις angepasst sei.

Allein diese Versuche, den Zusammenhang des Optativs mit dem Präteritum zu erklären, müssen, wenn auch manches für sie zu sprechen scheint und dieselben bisher so ziemlich allgemein gebilligt worden sind, besonders aus zwei triftigen Gründen Zweifel erwecken.

Einmal nämlich geht man von der Anschauung aus, dass die griechische Sprache nicht imstande sei, das Präteritum im Nebensatze zu bezeichnen: sie habe dafür keine Form und müsse sich begnügen die Vergangenheit nur anzudeuten.

Daraus ginge also hervor, dass die sonst so formenreiche Sprache, die ausserdem jede Gedankennuance zu verkörpern vermag, zum Ausdrucke eines so wichtigen und oft vorkommenden Begriffes wie es die Vergangenheit im Nebensatze ist **nicht nur kein Sprachmittel gehabt habe, sondern dass auch die blosse Andeutung der Vergangenheit erst dann möglich geworden sei, als die sprachliche Darstellung und geistige Auffassung der teilweise schwierigen modalen Begriffe wie Wunsch und schwächere Form des Begehrens, besonders Potentialis, also Vermutung und Annahme, subjektive Vorstellung.** Entfern-

---

[1] Phil.-Hist. Klasse der Kgl. Sächs. Gesellsch. der Wissensch. VI. B. Leipz. 1874.

sein von der Wirklichkeit u. s. w. bereits etwas Häufiges und Gewöhnliches war. Ob nun aber ersterer Umstand mit dem Wesen und die letztere Annahme mit der Entwickelung der Sprachen, und insbesondere der griechischen, sich vertragen, ist doch wohl mehr als zweifelhaft.

Vor allem aber muss bei dieser Art, den Optativ im Nebensatze nach einem Präteritum im Hauptsatze zu erklären, ungemein befremdlich erscheinen, dass diese Erscheinung fast nur im Zusammenhang und unter dem stützen-Einflusse des übergeordneten Satzes beurteilt wird, also eine wichtige Errungenschaft der Sprachforschung, nämlich der endgiltig gelieferte Nachweis von der Entwickelung der Hypotaxis aus der Parataxis, dabei so gut wie gar nicht berücksichtigt ist. Man musste sich doch vor allem fragen, in welchem Lichte sich dieses Modusverhältnis zeigt, wenn die Nebensätze ursprünglich selbstständig waren, wenn also, wie Delbrück bei der Erklärung der Konjunktionen besonders betont, z. B. ἵνα nicht von jeher „damit", sondern zuerst „auf diese Weise", ὅτε nicht immer „wann, als", sondern „zu dieser Zeit, da" geheissen hat. Nehmen wir nun ein Satzgefüge wie etwa

γ 1. Ἥλιος δ᾽ ἀνόρουσε, — — ἵν᾽ ἀθανάτοισι φαείνοι

oder

P 732. ἀλλ᾽ ὅτε δή ῥ᾽ Αἴαντε μεταστρεφθέντε κατ᾽ αὐτοὺς
σταίησαν, τῶν δὲ τράπετο χρώς, οὐδέ τις ἔτλη
πρόσσω ἀΐξας περὶ νεκροῦ δηρίσασθαι

und fassen dasselbe parataktisch auf, was Delbrück, wie erwähnt, in seinem ganzen Buche durchführt, so kann, wenn anders die Lehre von der Parataxis Berechtigung hat, vor allem in dem sogenannten Nebensatze eines nicht entbehrt werden, das ist die Bezeichnung des Zeitverhältnisses.

Mit zwingender Notwendigkeit werden wir demnach darauf geführt zu erwägen und zu untersuchen, ob der Optativ nicht imstande ist, die Zeit, und zwar die Vergangenheit, auszudrücken, ob er also nicht geradeso wie der Konjunktiv ein ursprüngliches Tempus sei.

Diese Frage ist durch die sprachvergleichende Forschung offenbar schon gelöst in der später nur zu wenig beachteten Abhandlung von Theodor Benfey „Ueber die Entstehung und die Formen des indogermanischen Optatio sowie über das Futurum auf sanskritisch syâmi u. s. w." [1]) durch welche eine neue Auffassung der Natur des Optatis geboten wird.

Nach einer wohlbegründeten Zurückweisung der Aufstellung Bopps, welcher für den Optativ eine Wurzel i mit der Bedeutung „wünschen" annimmt, stellt Benfey seine eigene Ansicht über den Optativ in folgender einleuchtender Weise dar.

Die Entstehung der Formen des indogermanischen Sprachstammes beruhen auf der Annahme, dass dieselben einander zuerst gefolgt, dann zusammengeschrieben und zuletzt zusammengesetzt worden seien.

Das Zeichen des Optativs ist die Basis ī zusammengesetzt aus ii mit der Bedeutung „gehen, öfters gehen, eilends gehen". Aus der Zusammensetzung mit Formen von ı erklären sich alle Gestaltungen des Potentialis und dessen Reflexe in den verwandten Sprachen in so ungezwungener Weise, dass die Wahrheit dieser Aufstellung auf der Hand liegt.

Um nämlich zuerst über die Endungen des medialen Potentialis im Sanskrit zu handeln, so sind dieselben ganz die nämlichen, als sie das Imperfektum des Verbums ī ohne Augment hat.

Imperf. des Verb. ı	Potent. Med. des Verb. dvish
S. îyá	dvish — iyá
ithá's	dvish — ithá's
itá	dvish — îtá
D. ivahi	dvish — iváhi
îyá'thâm	dvish — iyâ'thâm
îyá'tâm	dvish — iyâ'tâm

---

1) Aus dem 16. Bande der Abh. der Kgl. Ges. der Wissensch. zu Göttingen 1871.

Pl. imáhi	dvish — imáhi
idhvám	dvish — idhvám
irán	dvish — irán

Wie im Sanskrit so stimmen auch im Griechischen die Endungen des Opt. Medii ganz mit den Formen überein, welche ι im Imperf. Medii haben würde ohne Augment, wenn die Personalendungen selbst an das Verbum antreten würden.

Imperf. von ι	Opt. Medii der Basis ἱστα-
S. ι-μην	ἱστα-ίμην
ι-σο ohne σ ι-ο	ἱστα-ῖ ο
ι-το	ἱστα-ῖ το
D. ι-μεθον	ἱστα-ίμεθον
ι-σθον	ἱστα-ῖσθον
ι-σθην	ἱστα-ίσθην
Pl. ι-μεθα	ἱστα-ίμεθα
ι-σθε	ἱστα-ῖσθε
ι-ντο für ι-εντο	ἱστα-ῖντο

Der Opt. Medii erscheint nur hinter vokalisch auslautenden Basen und das auslautende ῖ seines Bildungselementes verbindet sich mit dem auslautenden α der Basis zu αι, mit ε zu ει, mit ο zu οι. ἱστα-ίμην = ἱσταίμην, διδοίμην aus διδο-ίμην, τιθε-ίμην = τιθείμην. δεικνυ-οίμην ist gebildet nach Analogie des Optativs φεροίμην für δεικνυ-ίμην = δεικνύμην.

Wenn wir dann den Opt. Aktivi betrachten, so erscheint auch dieser mit dem Imperf. des Verb ῖ zusammengesetzt.

	Imferf. Verbi ῖ		Opt. Akt.
	Sanskr.	Griech.	
2. S.	īs	ις	φέρο-ις
	īt	ι	φέρο-ι
D.	īva		
	ītam	ιτον	φέρο-ιτον
	ītam	ιτην	φερο-ίτην
Pl.	īma	ιμεν	φέρο-ιμεν
	īta	ιτε	φέρο-ιτε
	īan (īyan)	ιεν	φέρο-ιεν

Indem er sich dann zu den Optativen wendet, welche aus der durch a zu ia vermehrten Basis i entstanden sind, fährt Benefey fort, dass bekanntlich schon zur Zeit vor der Trennung des indogermanischen Sprachstammes neben der ursprünglichen Verbalflexion durch unmittelbaren Anschluss der Personalexponenten der Antritt von a an die Basis sich immer mehr geltend machte.

Von diesem Verbum ia sind auch der Indikativ und Konjunktiv des Imperfekts zur Zusammensetzung von Optativen beigezogen worden. Die Indikativformen sind ohne Augment

S. iam
   ias
   iat
D. iava
   iatam
   iatàm
Pl. iama
   iata
   iant

Von diesen Formen sind offenbar die sekundären Formen des sogenannten ersten Aorist entstanden auf ια, ιας, ιε, ιαν wie τύψε-ια(μ), τύψε-ιας, τύψε-ιε, τύψε-ιαν. Der Konjunktiv zu diesem Ind. Imperf. würde folgende Formen haben

S. iâm
   iâs
   iât
D. iâva
   iâtam
   iâtâm
Pl. iâma
   iâta
   iânt

Zu diesem Konjunktiv passen im alten lateinischen Sprachgebrauche die Formen -iem. -ies, -iet, -iemus, -ietis, -ient, aus denen nachher -īm, -īs, -īt etc. entstanden ist, im

Griechischen ιην wie θε-ίην, ἐ-ίην, στα-ίην, δο-ίην etc., dann die Optative jener Verba, welche auf αω, εω, οω, im Sanskrit auf aya endigen, wie τιμῴην für τιμαjο-ιην, φιλοίην für φιλεjο-ιην, δουλοίην für δουλοjο-ιην. Fassen wir die Darstellung Benfeys nochmals kurz zusammen, so ergibt sich folgendes.

Der Optativ ist zusammengesetzt mit dem Imperfektum der Wurzel i und ia „gehen".

Daraus geht hervor, dass der Optativ ursprünglich ein Tempus und zwar ein Präteritum ist.

Freilich ist dies eine Behauptung, welche mit der bisherigen Ansicht von dem Modus nicht übereinstimmt, nichtsdestoweniger aber muss sie der Wirklichkeit entsprechen, weil sich die Auffassung des Optativs als eines Präteritums nicht nur aus dem griechischen Sprachgebrauch noch nachweisen lässt, sondern auch aus derselben sich alle sonst schwierig zu erklärenden Gebrauchsarten des Modus so mühelos und einfach ergeben, dass darin eine ausserordentliche Bestätigung dieser Annahme zu finden ist.

Benfey selbst stützt seine Darstellung, der, wie er wohl wusste, wegen ihrer Neuheit die Angriffe nicht erspart bleiben würden, S. 25 (157) mit sehr richtigen Ausführungen. Man dürfe nicht einwenden, dass ein Indikativ und zwar der vergangenen Zeit zur Bildung dieses Modus benützt sei. Auch im Lateinischen trete mehrfach der Indikativ der vergangenen Zeit zur Bezeichnung von Wendungen auf, welche im Sanskrit und Griechischen durch den Potentialis oder Optativ und im Lateinischen selbst sonst durch den Konjunktiv ausgedrückt würden, welcher bekanntlich teilweise (nämlich in der 1. Konj. Präs. amem u. s. w.) Reflex des Optativs sei und sich mit den Reflexen des ursprünglichen Konjunktivs (in der 2., 3. u. 4. Konj. doceam, legam, audiam) wegen der Verwandtschaft beider Modi, zu einem einzigen, beide Begriffsmodificationen umfassenden Modus verbunden habe; so erscheine debebam, debui, debueram in den Bedeutungen „ich müsste, ich hätte müssen". In ähnlicher Weise finde sich auch im Griechischen der Indikativ, mit leichter Begriffsschattierung, statt des Optativ; ebenso im Französischen und Deutschen statt oder neben Formen, welche gewöhnlich diesem Modus entsprechen, so z. B. könnten wir sagen „that er dies, so war er verloren" statt „hätte er dies gethan, so wäre er verloren gewesen" oder „that er dies, so wäre er verloren gewesen" oder auch „hätte er dies gethan, so war er verloren"; ebenso „mochte er kämpfen oder fliehen, sein Schicksal war unvermeidlich".

Vor allem aber zeigt der Optativ in seinen Endungen die präteritale Eigenschaft. Diese sind mit Ausnahme der 1. P., von welcher weiter unten die Rede sein wird, sekundär, wie sie nur dem Präteritum zukommen Curtius Gr. Verb. I S. 42 erklärt es für eine Unmöglichkeit, dass den Griechen, noch bevor sie über ihre Sprache Betrachtungen anstellten, die auffallende Aehnlichkeit des Optativs und Präteritums entgangen sei, welche am deutlichsten zum Bewusstsein komme in den medialen Endungen -μην -σο -το -ντο, wenn sie verglichen würden mit -μαι -σαι -ται -νται. Alsdann sagt er ebenda II S. 91, mit jenem Optativzeichen ι pflegten die sekundären Endungen verbunden zu werden, durch welche eine überaus wichtige und wohlzubeachtende Uebereinstimmung zwischen Optativ und Präteritum sich zeige.

Trotzdem behauptet er an derselben Stelle S. 93, dass der Optativ kein Präteritum sein könne, weil ihm das notwendige Zeichen des Präteritums, das Augment, fehle.

Allein es zeigt sich [1], dass Curtius über das Augment nicht die richtige Ansicht hat. Er glaubt nämlich, dass die ältesten Formen mit einem Augment versehen waren; aus diesen seien die jüngeren ohne Augment entstanden, welche, da sie sich den früheren augmentierten gegenüber keine Geltung verschaffen konnten, wiederum von jenen verdrängt worden seien.

---

[1] Vgl. Faust „Zur indogermanischen Augmentbildung". Strassburg 1877.

So verhielte sich die Sache im Sanskrit und im Griechischen. Allein das Gegenteil dieser Behauptung entspricht der Wahrheit. Die Formen ohne Augment sind die früheren, weil sie sich ja in den ältesten Sprachdenkmalen finden. So sind sie bei Homer sehr gewöhnlich, nachher liest man sie seltener, und in der sogenannten attischen Sprache sind sie ganz verschwunden. Demnach haben die Formen mit Augment, welche allmählich die Fähigkeit erwarben, das Präteritum schärfer zu bezeichnen, im späteren Sprachgebrauche die ohne Augment verdrängt. Wären, wie Curtius meint, die augmentierten die älteren Formen und die augmentlosen die jüngeren, so hätte die Sprache diesen neuen Gebrauch sicher nicht so schnell aufgegeben und wäre nicht später ausnahmslos zur Anwendung des Augments zurückgekehrt; man müsste denn wirklich eine Rückbildung annehmen, die sich sonst wohl nicht wird nachweisen lassen. Aber auch im Sanskrit kommen die Formen ohne Augment nur im ältesten Sprachgebrauche vor, erst später wurde es hinzugefügt. Dazu bietet unsere Muttersprache eine genaue Analogie. Jetzt werden die Part. Perf. mit dem Präfix „ge" gebildet, im althochdeutschen kamen sie ohne „ge" nicht selten vor, im Gothischen aber wird das Präfix „ga" überhaupt nicht gefunden.

Dass also das Augment fehlt, hindert uns nicht, den Optativ für ein Präteritum zu erklären, weil zur Bezeichnung detselben das Augment auf einer gewissen Stufe der Sprachentwickelung vollkommen entbehrlich war, wie die vielen augmentlosen Präterita bei Homer wahrhaftig deutlich genug beweisen.

Wenn wir nun fortfahren, das Wesen des Optativs zu erörtern, so haben wir zunächst einem Einwande zu begegnen, welcher der Darstellung von Benfey gemacht wird.

In der Zeitschrift für vergleichende Sprachforschung, herausg. von Kuhn, B. XXIV (Neue Foige B. IV) wendet sich Johannes Schmidt in seiner Abhandlung „Die ursprüngliche Flexion des Optativs und der auf a auslautenden

Präsensstämme" S. 320 gegen diejenigen, welche bei der Optativbildung ein Moduselement voraussetzen, sei es ya (wie Schleicher und Curtius), sei es ī oder yā und īa (wie Bopp und Benfey), indem er unter Anführung zweier der ursprachlichen Optativbildung vermutlich zu grunde liegenden Paradigmen zunächst rügt, dass jene Forscher nicht zur Aufstellung einheitlicher Paradigmen des zweifellos in der Ursprache schon fix und fertig ausgebildeten Modus gelangten. Allein den Nachweis, dass die so verschiedenartigen Optativformen im Griechischen alle auf jene einheitlichen Paradigmen zurückgeführt werden können, liefert er nicht, während Benfey die Ableitung derselben von Formen der Wurzel ī und īa in wahrscheinlicher und bei dem grossen Formenreichtum der alten Sprache höchst einleuchtender Weise darthut. Besonders aber stützt Schmidt seinen Einwurf gegen Benfey darauf, dass er behauptet, mit der Bedeutung der Wurzel ī und īa „gehen = wünschen" vermöge man die Funktion des Optativs nicht zu erklären. „Liesse sich", sagt er, „s-iám begrifflich als „ich ging sein = ich wünsche zu sein" fassen, so würde s-iás bedeuten, du gingst sein = du wünschest zu sein", während sein Sinn in dem ältesten, d. h. dem einfachen Satze nach dieser Weise umschrieben vielmehr ist „ich wünsche, dass du bist". Diese und andere Schwierigkeiten hat Curtius mit Recht hervorgehoben".

Es ist allerdings sehr richtig, dass diese Bedenken vorhanden sind, das wurde auch schon bei Behandlung des Konjunktivs betont. **Allein man begeht eben von vorneherein einen Irrtum, wenn man darauf ausgeht, bei Erklärung der Zusammensetzung des Optativs unter allen Umständen die Bedeutung des Wunsches zu finden.** Diese merkwürdige Voreingenommenheit hat auch Benfey trotz seines grossen Forschergeistes verhindert, seine Darstellung der Optativbildung zu einem wirklich fruchtbringenden Ergebnisse zu führen. Indem er S. 21 (153) seiner Abhandlung hervorhebt, wie leicht es sei, aus der Bedeutung der Wurzel ī „gehen, wiederholt gehen, anflehen" zu dem Begriffe „wün-

schen" zu kommen, ist er von dem richtigen Wege wieder abgegangen, woraus sich dann die von Curtius und Joh. Schmidt mit Recht erwähnten Schwierigkeiten der Erklärung ergeben. s-iá-m heisst freilich „ich ging sein", das ist aber nicht so viel als „ich wünschte zu sein", sondern „ich ging" bedeutet „ich war im Begriffe, ich war daran zu gehen". Mit anderen Worten durch die Wurzel i „gehen" ist ohne Zweifel nicht der als Grundbedeutung unpassende Begriff des Wunsches in den Optativ gelegt, sondern die **Bezeichnung der Zukunft.**
Dass diese Annahme richtig ist und im Optativ die Bedeutung des Futurums gefühlt wurde [1]), erhellt aufs deutlichste aus dem Umstande, dass sanskritische Optativformen in späteren Sprachen, insbesondere auch im Lateinischen und Griechischen, zur Bildung von Futuren verwendet worden sind. So zeigt Benfey, dass das Aktivum des Verbums ia zur Zeit der Sprachtrennung folgendermassen lautete:

S. iấ-mi	D. iávasi	Pl. iámasi
iási	iátvas	iátva(s)
iáti	iátas	iánti

Diese Optativform wurde schon in der Grundsprache zur Bildung des Optativs von „as sein" verwendet, so dass dessen Formen lauteten:

Aktivum

S. as-iấmi	D. as-iavas	Pl. as-iamas
as-iasi	as-iatvas	as-iatva(s)
as-iati	as-iatas	as-ianti

Medium

S. as-iamai	D. as-iavasdhai	Pl. as-iamasdhai
as-iasai		as-iasdhvai
as-iatai		as-iantai

---

[1] Vgl. z. B. Dionys. Hal. (Gesamtausgabe von Reiske VI. S. 801. . . . . ἐνταῦθα γὰρ τὸ μὲν 'Ἐθέλοιμεν ῥῆμα τοῦ μέλλοντός ἐστι χρόνου δηλωτικόν τὸ δὲ „Περιγίγνεται˙ τοῦ παρόντος, Ἀκόλουθον ἂν ἦν, εἰ συνέζευξε τῷ „Ἐθέλοιμεν" τὶ „Περιέσται".

Die Spur dieser Form ist im Lateinischen erhalten im Futurum des Verb. „es" = im Sanskrit „as". Dies sollte anfangs lauten „es-io, es-iis" etc. Der Buchstabe s ist, wie im späteren Sprachgebrauch zu geschehen pflegt, zwischen zwei Vokalen r geworden, i in 1. P. F. und 3. Pl. abgeworfen, ero — erunt, in den übrigen Personen mit den folgenden Vokalen zu i zusammengezogen. Wie alsdann der Opt. des Verb. as im Lateinischen Futurum geworden ist, so ist er fast in allen Zweigen der indogermanischen Sprache zur Bildung des Futurums verwendet worden. So entspricht die griechische Form -σιω dem Sanskritischen syâmi mit Wegfall des a, wie in πραξίομεν für πραγ-σίομεν, nach abgeworfenem ι = πράξομεν, dann in γευξοῦμαι, ἐσσεῖται, νευσοῦμαι, πλευσοῦμαι etc. etc. Ja gewisse griechische Futura seien eigentlich Optative, nach Analogie jener gebildet, wie ἐδοῦμαι, πιοῦμαι, μαχοῦμαι, τεκοῦμαι, bei denen das οῦ, εῖ für Veränderungen aus ιο, ιε zu halten seien.

Der begriffliche Zusammenhang des Optativs mit dem Futurum ist ferner besonders im homerischen Sprachgebrauche so augenscheinlich, dass auch Delbrück, wie schon oben gesagt, nicht nur neben den Optativen des Wünschens eine zweite grosse Gruppe von solchen annimmt, welche er futurische nennt, sondern auch in einer späteren Arbeit „Synt. Forsch." IV. Halle 1879 der Futurbedeutung des Optativs folgendes einräumt:

„Man wird sich, glaube ich, bei der Aufstellung des Grundbegriffes des Konjunktivs und Optativs immer noch durch meine Formulierung, Wille und Wunsch, am meisten befriedigt fühlen. Eine andere Möglichkeit wäre, in beiden Modis den futurischen Sinn zu finden, und zwar im Konjunktiv die Bezeichnung der nahen, im Optativ die der fernen Zukunft. Unter dieser Voraussetzung müsste die von mir Synt. Forsch. I gewählte Anordnung gänzlich umgestaltet werden".

Der Optativ verbindet daher seinem ursprünglichen Wesen nach mit der Eigenschaft eines Präteritums die futurische Bedeutung. γέροις heisst also „du gingst tragen, du warst im Begriffe, du warst daran, auf dem Punkte zu tragen".

Mit der Annahme dieser Grundbedeutung des Modus findet die Frage von der Natur und dem Gebrauche desselben eine ebenso wahrscheinliche als notwendige Lösung. Vor allem erklärt sich nun zunächst seine Stellung im Nebensatze nach einem Präteritum im übergeordneten Satze auf völlig zwanglose Weise.

Wenn wir bedenken, dass es nicht von Anfang an eine Hypotaxis gegeben hat, so war es, wie erwähnt, eine unbedingte Notwendigkeit, dass auch in den Sätzen, die nochmals Nebensätze wurden, die Bezeichnung der Zeit nicht mangelte. Diese geschah nun in solchen Nebensätzen, deren Handlung im Verhältnis zu der des übergeordneten gleichzeitig oder vorvergangen war, wie z. B. in Kausal- und vielfach in Relativsätzen, durch den Indikativ des Imperf., Aorists oder Plusquamperf., war aber die Handlung des Nebensatzes erst in der Zukunft, natürlich vom Standpunkt der Vergangenheit aus, zu erwarten, so fand der Optativ seiner Natur entsprechend seinen Platz, wie immer in Absichts- und in Temporal- und Relativsätzen mit der Tendenz zum Futurum.

Damit fällt also die aus der falschen Beurteilung des Optativs sich ergebende, der formenreichen griechischen Sprache so wenig würdige Behauptung, als habe sie die Vergangenheit im Nebensatze nicht bezeichnen, sondern nur andeuten können.

Betrachten wir daher den Optativ beispielsweise in folgenden Nebensätzen, die natürlich auch in der homerischen Sprache schon vollständig hypotaktisch aufgefasst wurden, nach ihrer ursprünglichen Entwickelung aus der Parataxis, so ergäbe sich etwa eine derartige Auffassung:

Λ 1. Ἠὼς δ' ἐκ λεχέων παρ' ἀγανοῦ Τιθωνοῖο
ὤρνυθ', ἵν' ἀθανάτοισι φόως φέροι ἠδὲ βροτοῖσιν.

Eos erhob sich von ihrem Lager, auf diese Weise war sie

im Begriffe¹) Göttern und Menschen Licht zu bringen
(*φέροι* = laturus erat).

ι 41. *ἐκ πόλεος δ' ἀλόχους καὶ κτήματα πολλὰ λαβόντες
δασσάμεθ', ὡς μή τίς μοι ἀτεμβόμενος κίοι ἴσης.*

Aus der Stadt nahmen wir die Weiber und viele Schätze mit
fort und teilten sie, so war keiner im Begriffe ohne gleichen
Teil wegzukommen (*κίοι* = cessurus erat).

M 122. *ἀλλ' ἀναπεπταμένας ἔχον ἀνέρες, εἴ τιν' ἑταίρων
ἐκ πολέμου φεύγοντα σαώσειαν μετὰ νῆας.*

Aber die Männer hielten die Thore offen, dadurch waren
sie im Begriffe einen aus der Schlacht fliehenden Genossen
zu den Schiffen zu retten (*σαώσειαν* = servaturi erant).

Φ 579. *δῖος Ἀγήνωρ
οὐκ ἔθελεν φεύγειν, πρὶν πειρήσαιτ' Ἀχιλῆος.*

Der göttergleiche Agenor wollte nicht fliehen, vorher war
er im Begriffe sich mit Achilles im Kampfe zu versuchen
(*πειρήσαιτ'* = temptaturus erat).

Eine klare Bestätigung unserer Erklärung des Optativs
bietet der Optativus Potentialis, wie er noch bei Homer vor-
kommt. Mit dem beginnenden Uebergange nämlich aus dem
Tempus in einen Modus bekam der Optativ die Bedeutung
des Potentialis und ganz seinem ursprünglichem Wesen ge-
mäss steht er noch in vielen Stellen als Potentialis der
Vergangenheit z. B.

I 220. *φαίης κε ζάκοτόν τέ τιν' ἔμμεναι ἄφρονα τ' αὔτως.*

Man hätte sagen können, dass er sehr zornig und von Sin-
nen war (*φαίης* = dicturus eras, diceres)

E 85. *Τυδείδην δ' οὐκ ἂν γνοίης ποτέροισι μετείη,
ἠὲ μετὰ Τρώεσσιν ὁμιλέοι ἦ μετ' Ἀχαιοῖς.*

Von dem Tydiden hätte man nicht erkennen können, konnte
man nicht erkennen, zu welchen er gehörte, zu den Troja-
nern oder Achäern (*γνοίης* = cogniturus eras = cognos-
ceres, cerneres).

Δ 223. *ἔνθ' οὐκ ἂν βρίζοντα ἴδοις Ἀγαμέμνονα δῖον.*

---

¹) Ein besserer Ausdruck für die Zukunft in der Vergangenheit
steht im Deutschen nicht zu Gebote.

Hier hätte man den Agamemnon nicht müssig sehen können. (ἴδοις = visurus eras = videres).

O 694. αὖτις δὲ δριμεῖα μάχη παρὰ νηυσὶν ἐτύχθη. φαίης κ' ἀκμῆτας καὶ ἀτειρέας ἀλλήλοισιν ἄντεσθ' ἐν πολέμῳ.

Man hätte sagen können, dass frische und unermüdete Kämpfer einander begegneten. (φαίης = dicturus eras = diceres).

T 90. ἀλλὰ τί κεν ῥέξαιμι;
Aber was hätte ich thun können?
(ῥέξαιμι = facturus eram — facerem).

χ 12. τίς κ' οἴοτο μετ' ἀνδράσι δαιτυμόνεσσιν
μοῦνον ἐνὶ πλεόνεσσι, καὶ εἰ μάλα καρτερὸς εἴη,
οἱ τεύξειν θάνατόν τε κακὸν καὶ κῆρα μέλαιναν;

Wer hätte geglaubt, dass einer ihm den Tod bereiten werde? (τίς κ' οἴοτο = quis putarat, crederet?)[1]) Ferner zeigt sich die präteritale Grundbedeutung des Modus aufs deutlichste in seinem neben dem Indikativ eines Präteritums noch vorkommenden Gebrauche als Irrealis der Vergangenheit, z. B.

E 311. καί νύ κεν ἔνθ' ἀπόλοιτο ἄναξ ἀνδρῶν Αἰνείας, εἰ μὴ ἄρ' ὀξὺ νόησε Διὸς θυγάτηρ Ἀφροδίτη.

Und nun wäre Aeneas hier umgekommen (ἀπόλοιτο = periturus erat = perisset). Ebenso

E 358. καί νύ κεν ἔνθ' ἀπόλοιτο Ἄρης ἄατος πολέμοιο, εἰ μὴ μητρυιὴ περικαλλὴς Ἠερίβοια Ἑρμέᾳ ἐξήγγειλεν·

P 70. ἔνθα κε ῥεῖα φέροι κλυτὰ τεύχεα Πανθοίδαο Ἀτρεΐδης, εἰ μή οἱ ἀγάσσατο Φοῖβος Ἀπόλλων.

Da hätte der Atride die Waffen erbeutet (φέροι = laturus erat = tulisset)[2]).

Aehnlich H 158, X 20, β 62 etc.

---

1) Auch später findet sich dieser Optativ noch vielfach z. B. Her. 1, 2; 1, 70; 7. 180; 7, 214. Soph. Ai. 1137 etc. etc.
2) Vgl. dagegen z. B. ε 39.

Dieser Gebrauch des Optativs ist noch ein Rest, der die ursprüngliche Funktion des Modus klar erkennen lässt. Allmählich aber verblasste den anderen Präteritis gegenüber, welche an Kraft des Ausdruckes das Uebergewicht bekamen, die präteritale Bedeutung des Optativs in selbstständigen Sätzen, an dessen Stelle dann auch in der späteren Sprache zur Bezeichnung des Potentialis und Irrealis der Vergangenheit der Indikativ des Aorist eintrat, und während er in Nebensätzen nach einem Präteritum Wesen und Bedeutung noch ungeschwächt und unverändert erhalten hat, zeigt er sich nur mehr in seinem ausgedehnten Gebrauche als Potentialis und Wunschmodus der Gegenwart.

Diese Wandlung braucht durchaus nicht unglaublich erscheinen. Wird etwa nicht im Deutschen auch zur Bezeichnung des Potentialis und Wunsches der Gegenwart und in verschiedenen Sprachen zum Ausdrucke gegenwärtiger Bedingungsfälle ein Präteritum verwendet?[1]) Dazu war die Einführung des Optativs in Sätze aus dem Gebiete der Gegenwart erleichtert und vermittelt durch die erste Person auf μι, welche allein durch ihre primäre Endung an eine präsentische Form erinnert. Benfey bespricht §. 23 seiner oft angeführten Schrift die mutmassliche Herkunft dieser Endung und sagt S. (190) 58, er halte dieselbe für den Rest einer älteren Bildung, in welchem die einzige Spur des einst auch aus dem Präsens von i nach der zweiten Konjugationsklasse gebildeten Optativs zu erkennen sei.

Demnach dürfte man annehmen, dass es einmal auch präsentische Optative gegeben habe, die aber bis auf diese letzte Spur in der ersten Person verschwunden seien. Dies ist bei dem ausserordentlichen Formenreichtum im Sanskrit und der griechischen Ursprache nicht unmöglich.

VI.

Aus der nunmehr gefundenen Bedeutung des Optativs, nach welcher sich uns dieser Modus als ein ursprüngliches

---

1) Vgl. auch S. 33 und 34 dieser Abhandlung.

Präteritum darstellt, geht klar hervor, dass nach einem Nebentempus im übergeordneten Satze zur Bezeichnung einer vergangenen Handlung im Nebensatze nur der Optativ die einzig mögliche und richtige Form ist. Diese Thatsache wird durch den homerischen Sprachgebrauch man darf wohl sagen **vollkommen bestätigt**. Es finden sich nämlich an Optativen im Nebensatze, welche bei vorausgehendem Präteritum selbst Vergangenes bezeichnen, ungefähr 350. Wenn wir also im Gegensatze zu diesen einer ganz geringen Anzahl von Stellen begegnen, an denen im Nebensatze bei einer **vergangenen**[1]) Handlung der Konjunktiv steht, so wären diese, falls sie sich auch als richtig überliefert erwiesen, wohl nicht imstande, die oben angeführte Behauptung zweifelhaft zu machen. Nun sind aber von den 18 Stellen, die hier in Frage kommen, 12 so unsicher, dass von den Herausgebern mit meist grosser Uebereinstimmung statt des vielfach schwach gestützten Konjunktivs der Optativ eingesetzt worden ist und ohne Zweifel mit Recht. Denn gerade bei den Konjunktiv- und Optativendungen herrscht in den Handschriften, von denen die ältesten für die Ilias nicht über das zehnte, für die Odyssee nicht über das dreizehnte Jahrhundert hinaufreichen, eine ausserordentliche Unklarheit. Der Grund hievon ist neben der Schwierigkeit der Modusverhältnisse, deren Anwendung und Lehre in der klassischen Sprache vielen Abschreibern, ja vielleicht manchmal auch den Alexandrinern, nicht in vollem Umfang klar gewesen ist, vor allem der sogenannte Itacismus[2]).

Es ist begreiflich, welche Verwirrung die gleiche Aussprache von η, η, $\varepsilon\iota$, $o\iota$ (v $v\iota$), welche alle wie ī klangen, bei der Gestaltung des Textes hervorbringen konnte, wenn

---

1) Die S. 23 u. 24 angeführten 30 Stellen, an welchen der Konj. nach einem Präteritum zur Bezeichnung einer **gegenwärtigen** Handlung steht, gehören natürlich nicht hieher.

2) Vgl. La Roche Hom. Textkritik S. 154, 435, 443, 453, 456. Hom. Unters. S. 153 ff., 236 f. Fr. Urtel, Hom. Gebrauch des Opt. der abh. Rede S. 10.

die genauere Kenntnis des Modusgebrauches dem Schreibenden fehlte.

Die genannten Stellen sind folgende:

B 4. den Optativ τιμήσει, ὀλέσαι hat hergestellt Ameis (-σει) Bekker, Spitzner.

Δ 300. πολεμίζοι: Ameis, Bekker, Nauck, La Roche, Spitzner.

E 567. πάθοι: Ameis, Bekker, Nauck, La Roche.

N 694. ἐπαίροι: Nauck.

O 598. ἐμβάλοι: Ameis, Becker, Nauck, La Roche.

T 354. ἴκοιτο [1]): Nauck, Wolf.

Ω 586. ἀλίτοιτο [2]): Naber (Hom. Unters.) ἀλίτοιτ' ἄρ': Herwerden.

κ 24. παραπνείσει': Bekker.

κ 65. ἴκοιο oder ἀφίκοιο [3]): Ameis, Becker, Nauck.

ξ 328. ἐπακοῦσαι: Ameis, Bekker.

χ 467. ἴκοιτο: Ameis, Bekker, Nauck.

Auch *ο* 300 ist neben φύγοι ohne Zweifel der Optativ ἀλῴη, oder nach cod. Ven. ἀλοίη zu lesen.

Demnach bleiben nur noch 6 Stellen, an denen der ziemlich sicheren Ueberlieferung entsprechend alle Herausgeber an dem Konjunktiv festhalten, nämlich *Δ* 230, *Ξ* 161; *O* 23, *Π* 650, *ι* 102, *π* 369.

Bedenken wir nun, dass in den homerischen Gesängen der Konjunktiv im untergeordneten Satze ungefähr 1360 mal nach einem Haupttempus und 30 mal nach einem Nebentempus zur Bezeichnung einer gegenwärtigen Handlung steht, so liegt es gewiss sehr nahe, für diese 6 Konjunktive, welche nach einem Präteritum bei einer vergangenen

---

1) ἵκηται der Handschriften ist offenbar aus 348 fälschlich herübergenommen.

2) Nauch hält die Verse 584—86 für unecht und als Erklärung zu 583 eingeschaltet.

3) Der Auffassung und Uebersetzung dieser und ähnlicher Stellen durch La Roche können wir uns nicht entschliessen beizustimmen, da wir die dem Konjunktiv und Optativ darin beigelegte Bedeutung dem Wesen dieser Modi als nicht entsprechend erachten.

Handlung im untergeordneten Satze gefunden werden, den Optativ zu setzen.

Allein im Hinblick auf den Sprachgebrauch der späteren Autoren scheint auch eine andere Beurteilung dieser wenigen bei Homer in solcher Weise vorkommenden Konjunktive nicht unmöglich zu sein.

Es zeigt sich nämlich bei denselben die Gewohnheit, bisweilen nach dem Präteritum den Konjunktiv zu gebrauchen in einem Nebensatze, in welchem Vergangenes erzählt wird. Dies finden wir sowohl bei anderen als besonders bei Herodot und Thucydides [1]).

Weil aber unter allen Umständen daran festzuhalten ist, dass der Konjunktiv als ursprüngliches primäres Tempus n i e m a l s die Vergangenheit b e z e i c h n e n und a u s d r ü c k e n konnte, so muss der Grund dieser Erscheinung ein anderer sein.

Wir haben nämlich gesehen, dass, wenn im Nebensatze nach einem Präteritum der Optativ geschrieben ist, der Begriff der Vergangenheit zweimal ausgedrückt wird und zwar im übergeordneten Satze durch den Indikativ und im untergeordneten durch den Optativ, der ebenfalls ein ursprüngliches Präteritum ist.

Die späteren Autoren haben nun die Bezeichnung der Vergangenheit im Nebensatze bisweilen unterlassen, teils weil sie infolge lebhafter Vorstellung und lebendiger Schilderung vergangene Dinge durch den Konjunktiv unwillkürlich in die Sphäre der Gegenwart hereinzogen, (was in ähnlicher Weise der deutschen Sprache sehr geläufig ist), vor allem aber, weil bei der nunmehr vollständig ausgebildeten und erstarkten Hypotaxis ein besonderer nochmaliger Ausdruck der Vergangenheit allmählich überflüssig oder doch weniger notwendig erschien, da der übergeordnete Satz sol-

---

[1] Vgl. Weber II. S. 101 ff. (Freilich verliert diese Aufzählung an Wert, weil die Konjunktive, welche bei gegenwärtigen und vergangenen Handlungen stehen, nicht geschieden sind).

ches Uebergewicht im Vergleich zu dem untergeordneten mit der Zeit bekommen hatte, dass die Erinnerung an die ursprünglich selbstständige Bedeutung des letzteren vollständig verschwunden war und somit sogar die Zeitsphäre des ersteren auf diesen ohne besonderen Ausdruck derselben übertragen werden konnte.